HABITAÇÕES DE TODA VIAGEM
Guilherme Delgado

C.

EDITOR
Renato Rezende

PROJETO GRÁFICO
Tiago Gonçalves

IMAGEM DA CAPA
Lászlo Mohóly-Nagy. Sem Título. Fotograma. Dessau, 1926.

DADOS INTERNACIONAIS DE CATALOGAÇÃO NA PUBLICAÇÃO – CIP

D352 Delgado, Guilherme
Habitações de toda viagem / Guilherme Delgado. – Rio de Janeiro: Circuito, 2020. 74 p.

ISBN: 978-65-86974-03-4

1. Literatura Brasileira. 2. Poesia. 3. Literatura Contemporânea. I. Título. II. Do que segue. III. Do que interrompe. IV. Um entrelaçar.
CDU 821.134.1(81) CDD B869.1

CATALOGAÇÃO ELABORADA POR REGINA SIMÃO PAULINO – CRB 6/1154

EDITORA CIRCUITO
www.editoracircuito.com.br

O es ist mit der Ferne wie mit der Zukunft!
Goethe em *Die Leiden des jugen Werther*

Índice

do que segue

do que interrompe

um entrelaçar

Ao Leitor

próteses,
hipóteses
retalhos

Caranguejos da invenção de si.

UMA PARTE, UMA ETERNA PARTIDA

René Char disse quase isso:
"o eterno retorno também compreende uma eterna partida"

A jogar,
acrescento.

Abraçado às galinhas,

à sua impossibilidade de contornar a cerca,

ele parte.

Carrega algibeiras, interstícios –

                              habitações de toda viagem.

Perante o mural de sussurros,
tapei ouvidos.

Expectativas porosas

Arquiteto de pedras-pome,
acabei por desenhar o luar.

Torre:

        túnel de céu

Túnel:

        garganta de pedra

Garganta:

        Babel

Comer a terra em um só canto,

das sementes aos pesticidas.

Não sou Pantagruel.

Só cavo.

Perante a ataraxia da vegetação,
rio do céu que me faz cócegas infinitas.

Penelopando-me,

dançando errado o mesmo forró invisível dos ancestrais.

Todos trôpegos.

O Discurso da Colônia

Atado ao mastro,
compunha a "Elegia Alérgica às Venturas,
à posse das coisas eleitas e desfeitas por nós."

Gargarejos

com seu canto trêmulo e ritmado,
beijou todos os enforcados do lugar.

Mesmo na palidez cega das coisas perdidas,
nos inexistentes Eldorados,
sentamos para nos bronzear.

À trapaça do sol,

emergindo e submergindo lado após lado,

aquecendo antigas vísceras de bichos empalhados,

também chamam de memória involuntária de Apolo.

O céu chora,
               diz-se,

ouvindo agouros,
a fonética difícil das trovoadas.

Desatino e saudade das chuvas de verão.

Na duração do uivo,

hiberna habita

o hemisfério que é verão e úmido.

Não era suor,
mas pranto afoito,
riacho ofegante.

Alugamos jangada,
içamos vela.

No rum, no rumo,
pensamos cindidos
no estranho que é o homem ao mar.

Com uma colher de sal na boca,
                                  faz-se o mar.

Da língua, o Leviatã.

Dos dentes, arquipélagos.

Do engasgo,
                barquinhos em procissão.

Cá, há'lgo d'içar velas acesas.

Antes e depois,

os arrotos do mar.

Verso traço oferenda:

risco boiando já longe n'arrebentação.

Sophia de Mello

Em cada ranhura,
o alabastro.
As veias da mão da estátua perdida afundam no mar.

No fundo do fundo,
um dedo aponta a direção dos cardumes.

Naus, naufrágios e sufrágios

Faces pingando,
boiando em reflexo de cruz.
Cor d'água, tintas venosas.

O sal do mar embalsamado,
as coisas rotas.

Os corpos,
no seu sempre sem fim,
refletem à superfície das lâminas.

Águas-vivas talvez.

Portos Secos

Desaprendera tantas e tantas palavras,
que agora só sabia chamar aos lugares de casa.

4 línguas,

Janus de Janus.

Ainda assim, só uma me lambe.

Instabilidades gustativas.

Ao partir,

enfio-a em bolsos,

boca.

Ainda assim,

às vezes a estiro.

Para o rubor das moças, o descalabro dos rapazes,

esta lassidão lusófona,

a saudade.

Abrira a boca até que saliva e oceano fossem um só.

Paciente, embora sedento,

o Leviatã da língua sentia prazer em ser bicho do mar.

Chamava de manuelina toda a época em que se lançava ao mar.

O gosto das algas,

aliado ao charme das banhistas,

ou ao suave fascínio dos caixotes,

ou ao sorriso do marujo em escorbuto avançado,

eram-lhe remo,

vela,

sopro.

Missiva

Soprei desertos cortantes, contrastes.

Moldei-os feito vitrais,
                      a vida do Cristo e seus apóstolos em
Murano.

Em meio à transparência colorida,
beduínos somos nós.

peregrina-te,

persigna o espaço ao habitá-lo.

Evangelhos de tato, cálidos.

nas auréolas,

cafuné.

Profecia, profilaxia

Veste teu sudário,
encontra constelação em tuas manchas.

A cada café,
sua borra.

Estranhas manchas,
                    desatinos.

Vidros

do sopro, o oco
das pleuras, das abóbadas, da brisa,
a passagem apressada do dia rompe e corta

Ardência e bálsamo,
                         rituais de pele.
Prédios arranham o céu.
Eu recorto o ar a cada passagem passada.

Infligido ao papel certo traço,

perturbada sua profunda e sábia monocromia,

arrependo-me.

Troco tudo por esparadrapos,

pedaços de branco em forma de territórios.

Remendada a cartografia,

segue-se que toda a prosódia deixa suas pegadas.

Exonerada a viagem,

término da tinta.

Vestígios lançados nem sempre se encontram depois.

Destino.

A OUTRA PARTE

Prête à tes aveux mon visage ; sculpte-moi avec des mots

Edmond Jabés, em *Le Livre des Questions*

Os sinuosos seios de Sherazade pela manhã.

Epígrafe e jasmim,

do que recomeça.

Que o que a terra ofereça ao rio nos seja chamado de leito.

Afluências, ranhuras,

tomemo-las como molde para ti.

És carranca,

e desenho-te em todos os barcos.

Distraído,

acompanho o são jorge e o dragão,

na face outra,

do perfil daquela que passa.

O aceno começa com o sorriso quebrado.

A violência do outro em seu esgar contínuo.

Perdi dentes quando palavras saíram com muita força de minha boca.

_ Bom dia.

na periferia onde todas as ruas têm teu nome,
no limite do rural,
no asseio fértil em que repousas,
encontra-se.

filologia imaginária da voz,

heráldica dos corpos,

numismática de caras e bocas.

Enumero,

                não te encontro.

Ainda assim,

faço a cartografia dos pedacinhos de pão deixados no caminho.

O sapato já anunciava o salto,

o quase de cada passada,

a cinética dos discos arranhados.

Inespero-te.

teu sotaque grava o longe,

faz-se sombra da voz,

constrói palafitas.

Até teu silêncio venta.

Desfiar o tempo,
desfilar seus implantes.
Nódulos do que foi Penélope.

Penelopar-se –
          salto reflexivo
          sobre a sina dos dias.

Mas e o tempo?
temporadas e temporais de costura e caça.

À chuva

As arestas gotejam,
uma espécie de humidade cubista cobria o ar.

Tu passavas,
carinhosamente eu reconhecia todas as assimetrias em ti.

Em mapas de ternura balbuciados,
o lirismo pôs-se,
feito um sol.

Depois da tempestade,

sedentarismo e sede,

sob o suor de cada poro.

Difíceis ao toque,

tuas plumagens extintas e instintivas.

Pássaro da floresta,

pousas em minha pele.

pelo: passagem acústica de arrepios.

    Teu frêmito atravessa todos os abrigos,

    escalpela os dias,

    sopra sofre o tempo feito nuvem.

Teus cabelos como fios de alta tensão.

Pássaro atento às voltagens,

acaricio-te as plumas.

Prestidigitadores

Mamilos pousados sobre os seios,
a aguardar as borboletas no estômago,
as mariposas no esôfago.

Os lenços saindo amarrados,
um a um da boca,
(sempre há algo de palhaço)
junto aos lençóis brancos.

Línguas cortadas no beijo.

O amor como súbita gagueira,

gangrenas.

Escuto,

daquela que sangra em preto e branco,

a declaração.

O emaranhado dos cabelos,

o vaticínio dos fios desencapados

anunciam filamentos,

nevroses diurnas.

Rumo à noite,

mapas.

Tríptico

oratório na carne

epístolas aos cochichos

prazer e martírio:

                pontos de fuga dentro de ti

Caligrafia, monstro da escrita

Teu arrepio em braille,
tateio-o com a força dos taquígrafos.

Costuro pontos,
discorro sob as futuras cicatrizes:

                                        fazê-las-ei em ti.

Na cera branda da sua alma,

fazia noite

apenas para que acendêssemos o pavio.

Cascalho: didascálicas dos trilhos onde,
    à tua espreita,
    amarro-me.

Da face congelada,

os ecos pastosos.

Como efígie,

pedi que esculpissem a ti.

Bocarras

Álbuns de uma só imagem,
aquela que se reproduz sempre,
puro negativo de nós.

Calendários de fotofobia,
mais ou menos espontânea.

E os sorrisos,
escancarando as mandíbulas escaldadas.

Biometria

digitais perdidas em meio a cadáveres,
trocas de pelo.

Na estação dos monocromos,
foram-se as camuflagens.

Ficamos sós.

Ventríloquo: tolice repleta de artérias que sangravam,
    ouviam,
    tua voz.

Carnes, impulsos, revoltas.

Exercícios de bulimia.

Translações diárias em torno dos sentidos,

onde a tinta corre mais fácil.

A saliva onde Narciso se afoga,

suas subsequentes feridas:

no sangue como oásis, no oásis como sangue,

ferver os reflexos do corpo.

Águas-vivas: embarcações

Translúcidos parêntesis,
atravessados a cada mergulho.

Diques rompidos por algo que não é carne.

Lembranças.

Em meio a salmouras e ardências,
sussurras e estouras a ressaca.

Um ponto final

voz escura,

apartada pelos ângulos dos punhos cerrados,

pelo pulsar cortante da garganta.

Édipo cego,
                não surdo.

Tirésias cego,
                mas não surdo.

Orfeu cego,
                mas ainda assim não surdo.

Pus meu ray-ban e sussurrei por ti,

feito prece.

CiRCuiTO